SIGA OS TRACEJADOS
E PRATIQUE A ESCRITA.

ÁRVORE

ÁRVORE

ÁRVORE

AVIÃO

AVIÃO

AVIÃO

SIGA OS TRACEJADOS
E PRATIQUE A ESCRITA.

BICICLETA

BICICLETA

BICICLETA

BOLA

BOLA

BOLA

SIGA OS TRACEJADOS
E PRATIQUE A ESCRITA.

CACHORRO

CACHORRO

CACHORRO

CHAPÉU

CHAPÉU

CHAPÉU

SIGA OS TRACEJADOS
E PRATIQUE A ESCRITA.

DADO

DADO

DADO

DINOSSAURO

DINOSSAURO

DINOSSAURO

SIGA OS TRACEJADOS
E PRATIQUE A ESCRITA.

ELEFANTE

ELEFANTE

ELEFANTE

FLOR

FLOR

FLOR

SIGA OS TRACEJADOS
E PRATIQUE A ESCRITA.

GATO

GATO

GATO

HELICÓPTERO

HELICÓPTERO

HELICÓPTERO

SIGA OS TRACEJADOS
E PRATIQUE A ESCRITA.

IGREJA

IGREJA

IGREJA

JACARÉ

JACARÉ

JACARÉ

SIGA OS TRACEJADOS
E PRATIQUE A ESCRITA.

KETCHUP

KETCHUP

KETCHUP

LEÃO

LEÃO

LEÃO

SIGA OS TRACEJADOS
E PRATIQUE A ESCRITA.

MOCHILA

MOCHILA

MOCHILA

NAVIO

NAVIO

NAVIO

SIGA OS TRACEJADOS
E PRATIQUE A ESCRITA.

ONDA

ONDA

ONDA

PATO

PATO

PATO

SIGA OS TRACEJADOS
E PRATIQUE A ESCRITA.

QUADRO

QUADRO

QUADRO

RATO

RATO

RATO

SIGA OS TRACEJADOS
E PRATIQUE A ESCRITA.

SORVETE

SORVETE

SORVETE

TESOURA

TESOURA

TESOURA

SIGA OS TRACEJADOS
E PRATIQUE A ESCRITA.

UVA

UVA

UVA

VACA

VACA

VACA

SIGA OS TRACEJADOS E PRATIQUE A ESCRITA.

WALKMAN

WALKMAN

WALKMAN

XÍCARA

XÍCARA

XÍCARA

SIGA OS TRACEJADOS
E PRATIQUE A ESCRITA.

YASMIM

YASMIM

YASMIM

ZEBRA

ZEBRA

ZEBRA

EXERCÍCIOS DE FIXAÇÃO

COMPLETE AS SÍLABAS.

__DO

BO__

IGRE__

ÁR__RE

__VIO

__VA

XÍ__RA